PROTESTATION

DES

HABITANTS DE LA COMMUNE DE CENON

CONTRE

LE PROJET D'ACQUISITION

PAR LA VILLE DE BORDEAUX

D'UNE PORTION DU CIMETIÈRE COMMUNAL

BORDEAUX
IMPRIMERIE GÉNÉRALE D'ÉMILE CRUGY,
Rue et hôtel Saint-Siméon, 16.

1865

PROTESTATION

DES

HABITANTS DE LA COMMUNE DE CENON

CONTRE

LE PROJET D'ACQUISITION

PAR LA VILLE DE BORDEAUX

D'UNE PORTION DU CIMETIÈRE COMMUNAL

Les soussignés, propriétaires et habitants de la commune de Cenon-la-Bastide (Gironde),

Vu les pièces soumises à l'enquête, notamment la délibération du Conseil municipal du 10 décembre 1864 et l'arrêté préfectoral du 11 janvier 1865;

Vu la loi du 18 juillet 1837 sur l'administration municipale, notamment les articles 5, 6, 8, 56;

Vu la loi d'annexion du 18 mai 1864;

Vu le décret du 23 prairial an XII, notamment l'article 2, et l'ordonnance royale du 6 décembre 1843, qui rend applicables à toutes les communes du royaume les dispositions des titres 1 et 2 du décret de l'an XII ;

Vu l'instruction ministérielle insérée au Bulletin officiel du Ministère de l'intérieur de 1857, page 260 ;

Vu les arrêts du Conseil d'État des 29 janvier 1863 *(Humblot)* et 12 mars 1863 *(Escarpit et Bon)*, qui cassent des arrêtés préfectoraux approuvés par M. le Ministre de l'intérieur, et desquels il résulte qu'aucun cimetière *ne peut être établi autour des églises et dans l'enceinte des communes rurales ;* (*Voir* pages 17 et 235 du Recueil des arrêts du Conseil d'État, par M. Lebon, année 1863, V^{e} série, tome 45.)

Vu l'arrêté de M. le Préfet des Bouches-du-Rhône du 10 décembre 1863, qui prescrit la fermeture du cimetière Saint-Charles, à Marseille, à cause de l'état de saturation des terrains, qui ne peuvent plus décomposer les corps, et des exhalaisons qui se répandent quand on creuse des fosses ;

Vu les circulaires de MM. les Préfets de presque tous les départements de l'Empire, qui recommandent aux autorités municipales de déplacer dans le plus bref délai possible, et aussitôt que leurs ressources le leur permettront, *les cimetières qui entourent les églises* ou se trouvent dans l'*enceinte* des villages ;

Vu la décision ministérielle du 17 février 1864, qui refuse l'agrandissement du cimetière de la ville de Versailles, et annule l'arrêté du Préfet de Seine-et-Oise du 29 décembre 1863 ;

Vu le plan ci-joint du cimetière, relevé le 16 décembre 1864 par l'un des signataires de cette protestation.

1° *En ce qui concerne la marche suivie dans cette affaire.*

Considérant :

Qu'aux termes de l'article 8 de la loi du 18 juillet 1837, il aurait dû, aussitôt après la promulgation de la loi d'annexion du 18 mai 1864, être procédé à l'élection d'un nouveau Conseil municipal ; que, si la loi d'annexion a, par une disposition formelle, dérogé à cette prescription, c'est uniquement pour ne pas faire procéder à des élections que, peu de mois après, il aurait fallu renouveler, la durée quinquennale des Conseils municipaux approchant de son terme ;

Que, par ce motif, le Conseil municipal actuel, composé de seize membres domiciliés et ayant tous leurs intérêts dans les sections annexées à Bordeaux, contre trois seulement appartenant au nouveau Cenon, aurait dû, tant par un certain sentiment que pour déférer aux prescriptions de l'article 56 de la loi du 18 juillet 1837, s'abstenir de toucher *ex abrupto,* par sa délibération du 10 décembre 1864, la question de vente d'un cimetière qui, *situé dans le Cenon nouveau,* est, aux termes des articles 5 et 6 de la loi 1837, *la propriété incommutable de la nouvelle commune ;*

Qu'en fait, par la manière dont l'affaire est traitée, le Conseil municipal transitoire actuel est juge et partie dans sa propre cause, puisque c'est la *majorité bordelaise* qui s'offre et se vend à elle-même un immeuble à usage public, situé sur le territoire du nouveau Cenon, dont elle n'a pas le droit de disposer ;

Que cette manière de procéder a vivement impressionné les habitants du nouveau Cenon, qui regardent leurs droits comme gravement atteints par le Conseil municipal transitoire, en faveur de la ville de Bordeaux, et qui, dès les 17 et 19 décembre 1864, ont déposé à la Préfecture de la Gironde une protestation revêtue de trente-quatre signatures ;

Qu'enfin, les intérêts de la section bordelaise et ceux du nouveau Cenon étant complètement opposés, ainsi que le constate la protestation précitée, il aurait fallu suivre la marche tracée par l'article 56 de la loi du 18 juillet 1837, attendu qu'il importe à l'Administration de ne pas laisser s'accréditer l'opinion que, dans une affaire aussi grave, on a voulu résoudre la question par surprise, tout en conservant une apparence de légalité.

2° *En ce qui concerne la question au fond.*

Considérant :

Qu'aux termes de l'article 2 du décret de l'an XII, et de l'instruction ministérielle de 1857 ci-dessus visée, les cimetières qui existent autour des églises doivent être supprimés ; que ce principe a été consacré par la jurisprudence du Conseil d'État, notamment par les arrêts des 29 janvier 1863 *(Humblot)* et 12 mars 1863 *(Escarpit et Bon)* ;

Qu'en réduisant la nouvelle commune à l'ancien cimetière

qui entourait l'église, et dans lequel on ne fait plus d'inhumations depuis 1857 *(voir le plan)*, on nous ramène au moyen âge, et on violerait manifestement l'article 2 du décret de l'an XII, puisque ledit cimetière est à moins de 35 mètres tant de l'église que de la maison de M. Pauilhac, bâtie en 1770 *(voir le plan)*, qui est à 18 mètres 50 centimètres seulement des murs de clôture, et de celle de M. Dussaut, qui est accolée au mur du cimetière ;

Qu'ainsi le cimetière en question, abandonné en fait depuis huit ans, sauf les monuments à perpétuité qui sont adossés au mur d'enceinte, doit continuer à être frappé d'interdit, et que l'abandon qui en est fait au nouveau Cenon est *une amère dérision ;* qu'en réalité, la ville de Bordeaux ne voudrait pas chasser la commune de Cenon de son cimetière, et lui laisser l'embarras d'en créer un autre ailleurs, avec des difficultés inouïes et des dépenses énormes, bien supérieures à l'indemnité illusoire qui pourra lui être allouée ;

Que l'église est en ce moment en voie de reconstruction ; que le clocher vient d'être refait à neuf, et qu'il importe qu'autour de cet édifice, où, les dimanches et jours de fêtes, se rendent une foule nombreuse et élégante de familles bordelaises, qui viennent respirer l'air pur de la campagne, existent de vastes dégagements ;

Qu'il serait surprenant, au moment où la moindre commune rurale déplace son cimetière, de voir, aux portes de Bordeaux, celle de Cenon reculer de plusieurs siècles en arrière ;

Que l'agrandissement de 1857 a eu précisément pour but de

faire disparaître les inconvénients que l'ancien cimetière présentait pour la salubrité et les convenances;

Qu'il n'est pas légal d'oser sérieusement aujourd'hui proposer le rétablissement d'une situation qui provoquait des plaintes générales de la part de tous ceux que frappaient, soit les exhalaisons dangereuses d'un terrain saturé (comme à Marseille) par la décomposition des corps, soit le spectacle affligeant de tombes abandonnées, de croix brisées, enfin de fosses béantes et parfois d'ossements épars autour de l'église;

Considérant :

Que l'agrandissement de 1857 a été fait lui-même, en partie, en violation de la loi, puisque le mur de clôture nouveau a été établi à 9 mètres seulement du pavillon où demeure la famille du vigneron de M. Pauilhac; qu'ainsi une zone considérable de ce cimetière, dans lequel l'autorité municipale, profitant de ce que la propriété Pauilhac appartenait alors à des mineurs, et donnant ainsi la première l'exemple d'une contravention à la loi, a fait faire des inhumations, doit être en réalité frappée d'interdit (1);

Que, dans la partie qu'on propose de céder à la ville de Bordeaux, dans la superficie totale de 62 ares, il n'y a en réalité, déduction faite des talus, allées, des concessions

(1) Il n'y pas de loi pour attaquer un décret par la voie contentieuse comme violant la loi; les soussignés font réserve de leurs droits à cet égard; ils font d'ailleurs remarquer qu'on a réservé aux inconnus la portion du cimetière qui devrait être frappée d'interdit.

perpétuelles ou trentenaires, et des surfaces réservées aux protestants et aux inconnus, qu'une superficie utilisable de 33 ares, dont 2,450 mètres carrés occupés par des tombes septénaires, et 851 mètres carrés seulement disponibles;

Que la mortalité annuelle étant en moyenne de cent cinquante individus occupant chacun 3 mètres carrés, dans deux ans au plus le cimetière sera plein;

Que, dès lors, il faudra inhumer les morts dans un terrain déjà *saturé*, exposé à l'ouest, ou agrandir le cimetière; que, dans le premier cas, les vents d'ouest qui règnent le plus habituellement dans la Gironde rabattront sur l'église, distante à peine de 20 mètres, des exhalaisons méphitiques, très-dangereuses, surtout, pendant les chaleurs de l'été et en temps d'épidémie; que, dans le second cas, on se heurte à une impossibilité, attendu que la loi interdit tout agrandissement de cimetière dans l'enceinte d'une commune, autour de l'église, et d'un groupe d'habitations qui comprend les maisons de MM. Memain, Pauilhac, Dussaut, Eyquem, Ramade, Dulignon-Dégranges, veuve Crévy, Watering, Payement, veuve Raver et le Presbytère; (*Voir* les arrêts du Conseil d'État précités des 29 janvier 1863 et 12 mars 1863.)

Considérant :

Qu'il est de principe que chaque commune ait son cimetière sur son territoire; qu'il n'est dérogé à cette règle que dans des cas exceptionnels et que quand une ville n'a pas de partie rurale; que, même dans ce dernier cas, des dispositions sont prises pour nuire le moins possible à la commune grevée de cette énorme servitude; que le cimetière de la ville y est établi par voie d'extension, sans discontinuité, dans la partie la moins dommageable de son territoire, le plus loin possible de l'église et des groupes habités; que c'est ainsi que procède la ville de Paris pour le cimetière nouveau (de 10 à 20 hectares) qu'elle va établir sur les limites des communes d'Ivry et de Gentilly, au milieu de champs cultivés, loin de toute habitation;

Que tel n'est pas le cas de la ville de Bordeaux, qui vient de s'annexer, sur la rive droite de la Garonne, une énorme superficie de 440 hectares, la plupart en vignes et terres cultivées, prairies, aubarèdes, et sur lesquels il lui est bien facile de créer un cimetière de 3 à 4 hectares ($^1/_{100}$ au plus du terrain annexé), pour assurer le service funéraire d'une population à venir de quarante à cinquante mille habitants;

Qu'en effet la ville de Bordeaux peut établir dans la plaine des Queyries (partie rurale de son nouveau territoire), à gauche de l'avenue du Pont, au nord de la masse des habitants agglomérés de la Bastide, un cimetière remplissant toutes les conditions de salubrité désirables; que, si des remblais lui sont nécessaires, elle les trouvera facilement soit dans le banc de sable des Queyries, au moyen de dragages peu dispendieux (1), soit sur les bords de l'estey du Catao (ce grand émissaire de la plaine qui s'oblitère chaque jour), soit dans les

(1) Actuellement, par petite quantité, le mètre cube de sable rendu sur la berge vaut 1 fr. 15 c. En opérant en grand, avec des dragues à vapeur, il reviendrait à un chiffre bien inférieur.

fossés de l'avenue du Pont, soit dans le coteau de Lormont, en empruntant la voie du chemin de fer d'Orléans; que le sol très-perméable ainsi formé de couches successives de sable et de terre d'alluvion, serait éminemment favorable à la consomption des corps (1); que, d'ailleurs, par mesure d'économie, les remblais pourraient ne s'effectuer qu'au fur et à mesure des besoins, par partie de 40 à 50 ares à la fois ;

Qu'en vain on objecterait que, pour arriver à ce cimetière, il faudrait établir sur le chemin de fer un passage à niveau, dont la Compagnie d'Orléans ne veut pas faire les frais ; qu'en effet, ce passage ne devant servir que le jour, entre le lever et le coucher du soleil, il suffirait de construire à peu de frais une guérite, et de payer, comme c'est l'usage sur tous les chemins de fer, un gardien de jour (ordinairement une femme ou un invalide), sur le pied de 1 fr. par jour ou 365 fr. par an, dépense qui, à coup sûr, n'est pas au-dessus des forces de la ville de Bordeaux; qu'au surplus, l'emplacement peut être choisi, soit entre l'avenue du Pont et le chemin de fer, soit auprès d'un passage à niveau déjà existant, soit le long de la nouvelle chaussée qui borde la Garonne, et qui rendrait

(1) Le sable est excellent pour la consomption des corps. Sur tout le littoral du golfe de Gascogne, on enterre dans le sable. A Étampes, ville de huit mille habitants (Seine-et-Oise), le cimetière est établi, dans un sol formé d'une couche épaisse de sable fin et coulant. Les fosses se préparent au moyen de légers coffrages mobiles portatifs, formés de planches, et de quatre poteaux qu'on retire quand la bière est descendue : la fosse se comble d'elle-même. Ce cimetière est très-salubre. Les meilleurs remblais se font en sable, parce que le sable est incompressible; les animaux ne peuvent y pénétrer, ils seraient étouffés; on étanche les digues des canaux avec des corrois en sable, parce que les taupes et les rats d'eau ne peuvent y faire des trous.

facile l'inhumation des malheureux, trop nombreux, que le fleuve rejette sur les rives après les avoir engloutis ;

Que ce cimetière ainsi établi serait beaucoup mieux placé pour le service religieux et matériel, et plus économique que celui de Cenon, situé sur une côte escarpée, à 60 mètres au moins au-dessus de la plaine, et où on ne peut accéder qu'après un parcours d'au moins 3 kilomètres sur la route impériale de Bordeaux à Bergerac, qui n'est pas bordée de trottoirs, et qui est sillonnée par un roulage très-actif, et couverte de flots de boue en hiver et de poussière en été, ce qui empêche le clergé d'accompagner les défunts à leur dernière demeure; tandis que la circulation sera toujours extrêmement facile sur la belle avenue du Pont, qui est bordée de deux larges trottoirs viables en tout temps ;

Considérant que l'agrandissement du cimetière opéré en vertu du décret impérial du 1er avril 1857, diminué, comme nous l'avons dit plus haut, des non-valeurs, telles que talus, allées, parties concédées ou frappées d'interdit, ne présentera pas une superficie nette de 33 ares, ce qui équivaut à un rectangle de 82 mètres de long sur 40 mètres de large; qu'à coup sûr, cette superficie n'est pas trop considérable pour le cimetière d'une commune qui commence, il est vrai, avec huit cents âmes, mais qui verra rapidement cette population tripler et quadrupler à cause de son voisinage de Bordeaux et de l'immunité d'octroi dont jouiront ses habitants; que d'ailleurs, si, dans les premiers temps, le cimetière est un peu vaste, cela permettra :

1° De donner satisfaction à un sentiment éminemment religieux, le respect de la tombe du pauvre, dont les cendres ne seront pas troublées tous les cinq ans, comme le permet la loi;

2° De concentrer les inhumations dans la partie inférieure du cimetière, le plus loin possible de l'église, dont le porche n'est situé qu'à 20 mètres du dit cimetière;

Qu'on doit supposer que l'intention de la ville de Bordeaux est d'étendre peu à peu son cimetière; de transformer en une vaste nécropole, en un véritable Père-Lachaise, le riant coteau de Cenon, qui est dans la belle saison le rendez-vous de la population bordelaise; de chasser les vivants qui viennent y respirer un air pur, pour y loger ses morts; de déprécier ainsi énormément sans compensation les propriétés de la commune, qui sera ainsi mise à l'index, comme une succursale de la Chartreuse;

Qu'il n'est pas croyable qu'après avoir enlevé à la commune de Cenon 378 hectares et six mille habitants, et l'avoir ainsi privée de la meilleure partie de son territoire et de ses ressources, la ville de Bordeaux ait la prétention de consommer la ruine de cette petite commune, réduite à 700 hectares, en lui imposant l'obligation de recevoir la dépouille mortelle de ceux dont elle n'a plus de contribution à espérer (1);

---

(1) Il est bon de remarquer que tout porte à croire que Bordeaux veut enterrer sur le coteau de Cenon non-seulement les défunts de la Bastide, mais aussi ceux des parties détachées de Floirac et de Lormont, et probablement un jour ceux de Bordeaux même.

Les personnes malades qui louent des maisons sur le coteau pour respirer un air pur, attristées par la vue des convois funèbres et du cimetière, cesseront de venir à Cenon.

Qu'en réalité, si cette prétention était accueillie, la commune de Cenon présenterait ce fait unique en France, d'une église édifiée à neuf, entourée de deux cimetières, l'un petit, insalubre (au nord de l'église on trouve l'eau à un mètre de profondeur), violant la loi, appartenant à la commune même; l'autre s'agrandissant successivement, appartenant à la ville de Bordeaux, et dans lequel la commune propriétaire du sol serait, à cause de l'insuffisance de son propre cimetière, forcée d'en établir un ailleurs;

Que, pour le moment, jusqu'à ce qu'un cimetière nouveau ait été créé en Queyries, il est facile à la ville de Bordeaux de faire conduire à la Chartreuse les défunts de la Bastide, dont le nombre n'excède pas deux cents, soit à peine 5 p. 100 de la mortalité annuelle de la ville, qui compte cent soixante-deux mille habitants; qu'en effet, la distance de la Bastide à la Chartreuse n'est pas plus considérable que celle des quartiers de Paludate ou des Chartrons; qu'en vain on objecterait la difficulté du passage du pont, le pont présentant une largeur de chaussée de 9 mètres, et deux trottoirs de 2 mètres 50 centimètres chacun, ce qui est supérieur à la plupart des rues de Bordeaux, et même de Paris, où la rue Neuve-des-Petits-Champs, bien connue par l'activité de la circulation, n'a qu'une chaussée de 6 mètres avec trottoirs de 1 mètre 25 centimètres chacun (1);

(1) Voilà quatre ans qu'il est question de l'annexion; la ville de Bordeaux aurait eu le temps de prendre ses dispositions pour la création d'un nouveau cimetière : la commune de Cenon a droit à une indemnité pour les inhumations qui se font illicitement dans son cimetière.

Que, d'ailleurs, les habitants de la Bastide qui ont des concessions perpétuelles et trentenaires dans le cimetière de Cenon, continueront à en jouir pour eux et leurs familles, comme par le passé; qu'ainsi, tous leurs droits seront respectés (1);

Considérant, enfin, que les développements qui précèdent démontrent que la cession d'une partie quelconque du cimetière de Cenon à la ville de Bordeaux constituerait une violation flagrante de la loi;

Les soussignés protestent énergiquement :

1° Contre la marche suivie pour l'instruction de cette affaire, marche contraire aux prescriptions des articles 8 et 56 de la loi du 18 juillet 1837;

2° Contre toute cession, quelque petite qu'elle soit, d'une partie du cimetière actuel à la ville de Bordeaux, et contre toute inhumation dans l'ancien cimetière qui entoure l'église, et qui est, en réalité, abandonné depuis 1857;

3° Et contre les mesures qui ont été prises depuis le 1er janvier, et qui consistent à faire inhumer les défunts de la Bas-

(1) Il est à remarquer que plusieurs familles de Cenon, parmi lesquelles celles Duchan et Vialolle, ont leurs monuments dans la partie du cimetière qu'on veut vendre à Bordeaux, et que de nombreuses familles de la Bastide (Bordeaux) [familles Jazarin, Berthomieu, Faugas, etc.] ont leurs monuments dans le cimetière qu'on voudrait laisser à Cenon autour de l'église.

tide, devenus Bordelais, dans le cimetière de Cenon, en suppliant M. le Préfet de faire cesser cet état de choses.

En effet, tant que la vente proposée le 10 décembre 1864 par un Conseil municipal composé de *seize* Bordelais contre *trois* représentants de Cenon, n'aura pas été sanctionnée après l'accomplissement des formalités légales, le cimetière de Cenon, aux termes de l'article 6 de la loi du 18 juillet 1837, est la propriété exclusive de la commune sur le territoire de laquelle il est situé, et les habitants de cette commune, ainsi que ceux qui y ont des tombes perpétuelles, peuvent seuls y être inhumés.

Les soussignés protestent de nouveau contre la procédure suivie dans cette affaire, car c'est un Conseil municipal composé en majorité de *Bordelais* qui *s'offre* et se vend à lui-même le cimetière de la commune de Cenon. — Ce sont des Bordelais, c'est-à-dire des *étrangers*, qui statueront sur les résultats de l'enquête ouverte dans la commune de Cenon !

Non, la loi d'annexion du 18 mai 1864, en maintenant l'ancien Conseil municipal jusqu'aux élections prochaines, *n'a dû, n'a pu* sanctionner un pareil *système*. — Cette loi, en effet, n'a pas *rapporté* celle du 18 juillet 1837, sur l'administration municipale, loi organique s'il en fut, rendue après de si longs et si lumineux débats, ni supprimé les garanties tutélaires édictées notamment par les articles 8 et 56.

Les soussignés se réservent donc le droit de déférer au Ministre, et au besoin au Conseil d'État, tous les actes sans réserve qui *ont précédé, accompagné ou suivront* l'enquête, et d'en demander la cassation s'il y a lieu.

A leurs yeux, le Conseil municipal ancien n'avait qu'une mission, celle d'expédier les menues affaires courantes et d'arrêter le budget. Mais les questions si graves de propriété, de règlement d'intérêts avec Bordeaux ne sont pas de sa compétence.

Elles doivent être soumises au nouveau Conseil municipal, qui, aux termes de l'article 6 de la loi du 5 mai 1855, doit être composé de *douze* membres, alors que la nouvelle commune n'en compte dans l'ancien Conseil que *quatre sur vingt*.

Aussi la population tout entière élève-t-elle la voix contre les délibérations d'une assemblée qui ne peut représenter ses intérêts.

Les soussignés peuvent invoquer à l'appui de leur cause ce qui s'est passé, il y a un certain nombre d'années, quand la section du Carbon-Blanc a été érigée en commune distincte de celle de Bassens (Gironde) : Bassens a conservé son église ; le Carbon-Blanc a fait bâtir une église dans le bourg et créé un cimetière en rase campagne. Pourquoi deux poids et deux mesures dans deux affaires identiques? Que diraient les *Bordelais* de la Bastide, si les habitants de Cenon voulaient les forcer à établir un cimetière autour de l'église en construction sur l'avenue du Pont?

Les millions de voyageurs qui ont parcouru depuis dix ans le chemin de fer de Paris à Versailles, connaissent tous le cimetière de la ville de Puteaux (Seine), situé hors la ville, au pied du talus du chemin de fer, qui le dérobe à la vue des habitants. — Quelle impossibilité y aurait-il à créer un cimetière pareil, à Queyries, le long du chemin de fer?

Pourquoi ce qui est bon aux portes de Paris ne le serait-il pas aux portes de Bordeaux ?

Comment ! la ville de Bordeaux ne peut pas détacher dans sa partie rurale 3 ou 4 hectares des 378 hectares en vignes et terres cultivées qu'elle enlève à la commune de Cenon-la-Bastide, sur la rive droite de la Garonne ?

Enfin, les soussignés ont joint à leur protestation un plan détaillé du cimetière, accompagné d'une légende explicative.

L'examen seul de ce plan, qu'on trouvera dans le dossier de l'enquête coté, suffit pour démontrer aux yeux les moins clairvoyants combien l'idée de rétablir l'usage de l'ancien cimetière — teinte bleue — est impraticable, puisque l'espace libre entre l'église et les murs d'enceinte est :

Au nord, de...............	35 mètres.
Au sud, de................	19 mètres.
A l'est, de.................	3 mètres 30 cent.
A l'ouest, de.............	20 mètres.

C'est-à-dire qu'aux termes de l'article 2 du décret du 23 prairial an XII, toute inhumation y est interdite.

Ainsi, la délibération du 10 décembre 1864, quant au droit, tombe d'elle-même, et, quant au fond, devant une prohibition formelle de la loi.

L'examen des pièces soumises aux enquêtes donne lieu d'ailleurs aux remarques suivantes :

Cette affaire a pour point de départ la lettre de M. le Préfet de la Gironde du 5 décembre 1864, qui *saisit* le Conseil municipal de la question, et dans laquelle ce magistrat déclare que la ville de Bordeaux voudrait continuer les inhumations dans le cimetière de Cenon, *si toutefois cette commune veut bien céder à la ville une partie de son cimetière*.

Les soussignés prennent acte de cette déclaration de M. le Préfet, déclaration parfaitement conforme, du reste, à l'esprit et à la lettre de l'article 6 de la loi du 18 juillet 1837. Cette déclaration prouve, en effet, que la ville de Bordeaux n'a *aucun droit* sur le cimetière de Cenon, et que c'est seulement à *titre de faveur* que *cette grande cité* vient demander à une petite commune de huit cents habitants de lui vendre *une partie* de son cimetière.

Dans l'arrêté qui désigne deux experts pour apprécier la valeur du cimetière, il est dit que la commune *désire en faire la vente à Bordeaux*. — Les soussignés protestent contre cette expression : *désire*. Les *seize Bordelais* du Conseil municipal *désirent*, en effet, *cette vente* pour n'avoir pas à inhumer leurs morts sur leur territoire; mais les nombreux signataires de la protestation des 17 et 19 décembre 1864, propriétaires de la plus grande partie du territoire du nouveau Cenon, y sont formellement opposés.

Plus donc on examine cette question sous toutes ses faces, plus on est amené à conclure qu'il n'y a qu'une seule solution rationnelle et conforme aux principes du droit et d'une administration sage et prévoyante :

1° Laisser à Cenon son cimetière;

2° Inviter Bordeaux à en créer un dans sa partie rurale.

Les soussignés espèrent qu'avant de prendre une décision, l'Autorité supérieure, dans sa haute sollicitude, voudra bien soumettre à un examen minutieux les nombreux arguments contenus dans cette protestation.

APPENDICE.

Argument tiré de l'exemple de la ville de Paris en ce qui concerne les communes de Clichy, la Garenne et de Batignolles.

Il y a quarante ans, Batignolles faisait partie de la commune de Clichy. Vers 1830, la section de Batignolles fut érigée en commune séparée.

Clichy conserva son cimetière, Batignolles en fit établir un sur son territoire. Les personnes seules qui avaient des concessions perpétuelles ou trentenaires dans le cimetière de Clichy en conservèrent l'usage.

En 1860, Paris a absorbé dans son enceinte la partie du territoire de Batignolles limitée par les fortifications, et s'est réservé l'usage exclusif du cimetière de cette commune; le reste du territoire de Batignolles a été rattaché à Clichy, et les défunts de cette zone sont inhumés dans le cimetière de

Clichy. Cet exemple est concluant : pourquoi ne pas le suivre dans la Gironde?

Ajoutons, d'ailleurs, que les cimetières de Clichy et de Batignolles sont situés près de la route de la Révolte, loin des églises et des groupes de population, le premier au pied du talus du chemin de fer de Versailles rive droite, l'autre sur le glacis des fortifications, et qu'ils ne sont nullement en vue. C'est toujours dans les lieux retirés que les cimetières doivent être établis. Les convenances et le bon sens sont d'accord sur ce point.

Enfin, dans aucun cas, hors des récentes annexions, la ville de Paris n'a eu l'idée de partager un cimetière avec une autre commune.

Cenon, le 12 février 1865.

Billaudel. — H. Billaudel. — Veuve Robert. — C.-M. Latour, curé. — Lalanne, propriétaire. — J. Lapoujade. — Lapoujade fils. — Pauilhac, propriétaire. — M. Monerie, propriétaire. — Moure, propriétaire. — Poupelin. — Villate, propriétaire. — Tabia. — Coutin jeune, propriétaire. — Farce (Joseph), propriétaire. — Giraud (Jean). — Dupouy, propriétaire. — G. Cornet. — Laurent. — Tauziac. — P.-Georges Eyquem, propriétaire. — Rambaud, propriétaire. — J. Quinsac, propriétaire. — Lagrave, propriétaire. — Watering, propriétaire, ancien maire de Cenon. — Veuve Félix Delbos, propriétaire. — Lacouture, propriétaire. —

ICHON. — BLUMEREL, propriétaire. — E. veuve RAVER, propriétaire. — Eug. LABOUR, propriétaire. — DULIGNON, propriétaire. — Veuve LEMAIRE, propriétaire. — PAYEMENT, propriétaire. — Alexis GIGNOUX, propriétaire. — Eug. RAMADE, propriétaire. — J.-R. COUTURES, propriétaire. — PAULY, propriétaire. — E. LATOUR, locataire. — LAFON, propriétaire. — Veuve BICHET. — FAURE, propriétaire. — H. TALLEMON, propriétaire. — F. SURSOL, propriétaire. — FOURMOND père, propriétaire. — Rodolphe BAY, propriétaire. — CORNET. — P. BACQUEY. — BRISSON, propriétaire. — CREVY, propriétaire. — A. GAUTIER, propriétaire. — Nicolas RENARD. — LABOURE fils aîné. — COTELETTE (Joseph). — SUBERVILLE (Georges). — BOUNILLAUD (PIERRE). — J. MORION, propriétaire. — C. GIRAUD. — Veuve LAFISSE, propriétaire. — DÉLESTAN, propriétaire. — Veuve BEAUFORT, propriétaire. — J. GUÉRIN. — PLAUSAN. — CARSOULLE, propriétaire. — J. GRUGEY, propriétaire. — F. LESTRADE père, propriétaire. — PAGET. — QUINSAC aîné, propriétaire. — BEZERIE. — VIALOLLE, propriétaire. — ARNAUD, propriétaire. — J. DELORD. — BOUCHARDAU. — J. PLANTEY aîné père. — G. DUCHAMPS père. — DELAGE. — Jean MÉTRAU, propriétaire. — BASSARD, propriétaire. — J. HOURQUEBIE, propriétaire. — A. DUSSAUT, propriétaire. — BOUILLOT, propriétaire. — GAURICHON. — TOURON, propriétaire. — PAILLÈRE, propriétaire. — Maurice RENARD. — HOURQUEBIE aîné, propriétaire.

NOTA. — Cette protestation a été suivie d'un grand nombre d'autres qu'on trouvera à l'appui du procès-verbal d'enquête.

Bordeaux. — Imprimerie générale d'Émile CRUGY, rue et hôtel Saint-Siméon, 16.

15

www.ingramcontent.com/pod-product-compliance
Ingram Content Group UK Ltd.
Pitfield, Milton Keynes, MK11 3LW, UK
UKHW021030220726
13924UKWH00001B/227

9 782019 911997